Heinz-Josef ‚Jozsy' Scherer

IM SEIN DER ZEIT

Beobachtungen Betrachtungen

Aphorismen Gedichte Fotografien

Heinz-Josef ‚Jozsy' Scherer

IM SEIN DER ZEIT

Beobachtungen Betrachtungen

Aphorismen Gedichte Fotografien

Impressum

Autor: Heinz-Josef „Jozsy' Scherer
Neuauflage April 2025
© Heinz-Josef „Jozsy' Scherer
ISBN: 978-3-7597-9602-8
Verlag:
BoD · Books on Demand GmbH, Überseering 33,
22297 Hamburg, bod@bod.de
Druck:
Libri Plureos GmbH, Friedensallee 273,
22763 Hamburg
Umschlaggestaltung und Fotos:
Heinz-Josef „Jozsy' Scherer

Bibliografische Information der Deutschen Nationalbibliothek: Die Deutsche Nationalbibliothek verzeichnet diese Publikation in der Deutschen Nationalbibliografie; detaillierte bibliografische Daten sind im Internet über dnb.dnb.de abrufbar.

Auch als **E-Book** erhältlich

Inhalt

Abend – Nacht

Schützende Distanz durch Binnenraum

Sich erteilte Erlaubnis der Illusion

von

einstweilig möglicher Realisation

-

Verweile Freund, verweile!

'Alles Gute!'

Manchmal hilft bei allem *Herzensschmerz einer Trennung, eines Verlassenwerdens* sowie den möglicherweise darauffolgenden Überlegungen eines Hin und Her nur ein

– auch wenn es weh tun mag –

endgültiges

,Alles Gute!'

Es *befreit* und *öffnet die Tür* für Weiteres, für neue – anfangs noch nicht konkret greifbare, doch bereits

bescheiden

geahnte

Hoffnung,

leise geahntes

Glück.

alte Frau

Sie sitzt in ihrem Lehnstuhl. Es ist bereits später Nachmittag.

Auf den bisherigen Tag zurückblickend wartet sie auf den Abend. Der Kalender zeigt den ausgehenden November an und die Dunkelheit bricht bald herein.

Sie freut sich.

Der Tag ist bewältigt und nun folgt ‚ihre Zeit': die Dämmerung, die nachfolgende Diffusität der Dunkelheit mit all ihren Möglichkeiten an Träumen, Sehnsüchten.

Sie lehnt sich entspannt zurück, greift zu ihrem Korb mit der Wolle samt Nadel/Schere und beginnt mit ihrem täglichen Ritual, dem Stricken.

Es ist gleich einer liebgewordenen Meditation, welche es ihr erlaubt, ihren Gedanken und Gefühlen freien Lauf zu gewähren.

Als die Dunkelheit endgültig auch ihre Stube gänzlich ausfüllt, zündet sie die Kerzen sowie ihre – wärmendes Licht verbreitende – Lampe an,

geht zur Tür und dreht den Schlüssel im Schloss,
so dass jene für den Rest des Abends sowie die
anstehende Nacht verschlossen bleibt.

Sie ist angekommen.

Angst

Es war im Sommer 1980. Er wohnte in einem katholischen Studentenheim mitten in der Stadt. Sein Zimmer glich einem schmalen Schlauch, lediglich aufs Notdürftigste eingerichtet – das Bett als karges Lager rundete die äußerst bescheidene Möblierung ab. Er hatte noch Glück, auf der Hinterseite des Gebäudes zu wohnen – nach vorne wäre er Tag und Nacht mit dem unaufhörlichen Lärm der direkt nebenan vorbeilaufenden Stadtautobahn konfrontiert gewesen.

Insgesamt hatte er sich mit seiner Wohnsituation arrangiert – nicht zuletzt, da er es spannend fand, inmitten des pulsierenden Lebens zu wohnen, zudem wusste er auch das etwaige Eingebundensein in die Gemeinschaft der Wohnheimstudenten zu schätzen.

Doch an diesem Nachmittag war es anders. Ihn überfiel nicht nur Platzangst, sondern auch ein diffuses, unerklärbares, bedrohliches Gefühl, welches sogar die Angst vor sich selbst zum Gegenstand hatte. Er war allein in seinem Zimmer. Seine Freundin, die er etwa seit einem knappen Jahr kannte und ebenfalls in diesem Studentenheim wohnte, befand sich zwecks ihrer Studien an der Universität.

Was sollte er tun? Er fühlte sich diesem unerklärbaren, bis dahin nie dagewesenen Gefühlszustand gegenüber vollkommen hilflos. In seinem extremen Betroffensein verschaffte er sich etwas Erleichterung durch Bewegung, indem er von einem zum anderen Ende – wo sich das Fenster befand, durch das er auf einen tristen Hinterhof sehen konnte – des schmalen Schlauches ziellos hin und her ging. Nach und nach verdichtete sich sein Zustand dergestalt, dass er es nicht mehr in diesem Zimmer aushielt. Es gewährte ihm einerseits Schutz, nahm aber auch die Gestalt eines einengenden Gefängnisses an, welches in seiner Vorstellung, es zu verlassen, ebenfalls Angst und das Gefühl von Haltlosigkeit und Ausgeliefertsein verursachte – letztlich aber nur die unabdingbare Notwendigkeit der baldigen Außenorientierung zuließ.

Er eilte zu seinem nicht weit entfernt geparkten Wagen, setzte sich hinein und fuhr kurzentschlossen durch den dichten quälenden Nachmittagsverkehr in das nächstgelegene psychiatrische Krankenhaus, bat dort um Aufnahme, welche man ihm nach einem Gespräch mit dem leitenden Arzt auch gewährte.

Seine Angst schien fürs Erste abgewendet, wich jedoch am Abend, als er feststellte, dass man die

Eingangstür abschloss – er befand sich auf der geschlossenen Abteilung – einer anderen Art von Bedrohung: er war eingesperrt und man beabsichtigte, ihn die Nacht über hier zu behalten.

Wieder geriet er in Panik, wollte weg und nachdem man ihm erneut ein Gespräch mit dem leitenden Arzt gewährte, entließ man ihn wieder – mit dem Vermerk ‚auf eigenen Wunsch und eigene Verantwortung'. Inzwischen dunkel geworden fuhr er – an einer Stelle noch eine Autobahnauffahrt wählend, welche sich ihm jedoch noch rechtzeitig als Abfahrt realisierte und er im Rahmen einer abenteuerlichen Aktion, doch unbeschadet, umkehren konnte – zurück zum Wohnheim, dort auf direktem Wege zum Zimmer seiner Freundin. Sie war da, lag schon in ihrem Bett, lud ihn zu sich ein und quittierte seinen kurzen Bericht über das Gewesene mit den Worten ‚ich gehöre dir'. Es gab ihm das Gefühl von Zugehörigkeit, Nähe, Verständnis und Wärme. Die gute Seite des Lebens hatte ihn, zumindest für den Moment und diese Nacht, wieder.*

*Fortsetzung: Heinz-Josef ‚Jozsy' Scherer FÉLE-LEM Zwei Erzählungen aus dem Leben des Franz K. Angst Liebe Reifung. BOD 2024, ISBN 9783769349726

Ansatz eines Glücksgefühls

Er schaltete das Licht aus und überließ sich für einen Moment der Finsternis.

Es war nur der *Ansatz eines Glücksgefühls* von Unerlaubtem.

Er wusste, wie es sich anfühlt, sich ihm gänzlich zu überlassen – diesem prickelnden Spagat zwischen Angst und Faszination.

Doch dieses Mal beließ er es bei dem bescheidenen Anflug dessen, betätigte den Schalter und fügte sich für den Rest der Fahrt dem Normalen.

Antizipierte Freude – Sprungbrett

Nutze die

antizipierte Freude

auf ein attraktives Ereignis als

Sprungbrett

für die *Erledigung/Bewältigung* der Aufgaben, welche weniger bis gar nicht in dein Verständnis von ‚angenehm' und ‚willkommen' passen.

Betrachte Erstgenanntes als

Belohnung

für die Mühe von Zweitgenanntem und schaffe dir dadurch – indem du die

Chance

von jener/-m so oft als möglich in deinen Alltag einbaust – natürliche und effektive

Motivations- und Handlungsschübe
für die Erledigung und Bewältigung der von
dir als lästig angesehenen

– nichtsdestotrotz unausweichlichen –

Sachverhalte.

Bagatellisierung

Probleme, Ärgernisse oder lästige, unangenehme
Tatbestände sind

– wie Sie sicher aus eigener Erfahrung wissen –

trotz allen redlichen Bemühens um Harmonie
nicht immer vermeidbar.

Doch mit welcher Strategie begegnen Sie jenen,
um doch noch Ihr inneres Gleichgewicht zu er-
halten bzw. wieder zu erlangen?

Treten Sie in einen

inneren Monolog

ein, sprechen Sie mit sich selbst wie mit einem
in Ihre Thematik eingeweihten

guten, wohlmeinenden Freund.

Falls es Ihnen möglich ist und Sie es mögen,
führen Sie den inneren Monolog in einem nach
Ihrem Verständnis

lustig anmutenden

(möglicherweise eigenen)

Dialekt,

welcher dem ursprünglich belastenden Tatbe-
stand seine

Brisanz nimmt,

indem er

Distanz ermöglicht

und ihn zudem ins

Humoreske, Lächerliche

überträgt.

Ähnlich verhält es sich, wenn Sie den inneren
Monolog in Ihrer (falls vorhanden)

Lieblingsfremdsprache

führen, wobei oft schon (ebenso wie im o. a. Fall
des Dialekts) einige wenige markante, affektbe-
ladene Fragmente oder Wendungen ausreichend
sind.

In beiden Fällen nehmen Sie durch diese

Strategie der Bagatellisierung

jener ursprünglich empfundenen Last ihre Schwere
und gehen in der Folge

leichter und beschwingter durch den Tag.

PS o. a. Strategien lassen sich nicht nur zur *Bagatellisierung unangenehmer Tatbestände* anwenden, sondern sind *ebenso brauchbar und wirkungsvoll in der Steigerung, Potenzierung erfreulicher, angenehmer, willkommener Erlebnisse, Tatbestände und Befindlichkeiten.*

Begegnung(en): nicht hinschauen – hinschauen – genauer hinschauen – genau hinschauen

Du gehst, fährst deines Weges und

schaust nicht hin

du genügst dir, fühlst dich versorgt.

—

Du musst dich außerhalb deiner versorgen

schaust hin:

siehst umrisshaft den anderen.

Kälte schwindet langsam – gut (so).

—

Du

schaust genauer hin,

nimmst ihn als ebenfalls Teilnehmenden wahr, ja
mehr: entdeckst den Menschen, die Person und
bemerkst flüchtig: ihm geht es ähnlich –

dazugehören: Verlorenheit/Angst vergessen.

—

Du hältst an,

schaust genau hin,

in plötzlich anwesende Augen samt dich wahr-
nehmendem Blick –

Kontakt

Urvertrauen wiederhergestellt

Endzeitgefühle gebannt.

Leben

belass es doch – auch mal – bei

Belass es doch

– auch mal –

bei

der Illusion

dem Traum

dem Meditativen

der Diffusität

der Stille und Abgeschiedenheit

dem Atmosphärischen

dem distanzierten Blick aus sicherer Ferne und
dem schützenden von oben.

Die wohltuende Bestätigung dessen erreicht dich
mitunter schneller als du zu ahnen vermochtest.

bescheidener Anfang

Manchmal

genügt es schon, dass

sich der Tag vor seinem Ende verneigt:

bescheidener Anfang

eines *geborgenen Seins* —

manchmal

das frische, unverbrauchte Licht eines strahlen-
den Morgens:

bescheidener Anfang

einer *neuen Hoffnung.*

‚das Gefühl überhaupt'

Man sagt gerne, es wäre

‚das Gefühl überhaupt'.

Es ist neben seinem Reiz und seiner Faszination
auch nicht selten an einige

nicht immer willkommene Voraussetzungen ge-
bunden und kann auch manche

(nicht nur angenehme)

Folgeerscheinungen im Gepäck haben.

Inwieweit du Ersteres (spontan – mitsamt der
Antizipation auf Zweitgenanntes) zuzulassen be-
reit bist, wird zu einer deiner

zentralen Lebensfragen

(werden), welcher du dich zu begegnen immer
wieder genötigt siehst und sehen wirst.

Du wirst dich

– so oder so –

entscheiden (müssen).

dazugehören

Wenn du dir etwas schaffst,

worin du dich in aller Tiefe, Ehrlichkeit und
Echtheit wiederfindest,

du dich vom Rest unterscheidest –

was dich von all den nur schwerlich vermeidba-
ren Wehen und Unwägbarkeiten unabhängig
macht, diese auf sanfte Art abfedert und dir
dadurch ein Gefühl von unerschütterlichem
(Selbst)Vertrauen und Sicherheit gewährt,

dir Sinn und Identität verleiht –

dir, nur dir allein, gehört – –,

dann kann es dir gelingen, auch ein echtes, un-
geschminktes

dazugehören

zu dem anderen zuzulassen –

ebenso wie dein Gegenüber seinerseits einem in
deinem Sinne

27

dazugehören

zuzuneigen, ja mitunter

bereitwillig und wohlwollend

einzuwilligen, bereit sein kann oder gar bereit
sein – wird.

der (lange - kurze) Weg zum Wesentlichen

Du *brauchst etwas*.

Du *spürst*, dass du etwas brauchst.

Du fragst dich, *ob du das willst*, dass du etwas brauchst.

Du fragst dich, *ob du das spüren willst*, dass du etwas brauchst.

Du entscheidest dich, *es zuzulassen*, dass du etwas brauchst.

Du entscheidest dich, *das Spüren zuzulassen*, dass du etwas brauchst.

Du entscheidest dich, *es zulassen zu wollen*, dass du etwas brauchst.

Du *tust etwas, was deinem Bedürfnis ähnlich ist*, streut und dadurch die Richtung für Weiteres, möglicherweise das *Wesentliche* anzeigt.

Du spürst, dass das *Bemühen um das Wesentliche denkbar* ist.

Du spürst, dass das *Wesentliche* – auch aus Erfahrungswerten – *machbar sein könnte*.

Du spürst, dass das *Wesentliche machbar ist*.

Du *machst* das *Wesentliche machbar*.

Du *machst* das *Wesentliche*.

–

Du lernst, dass der *Weg zum Wesentlichen* (auch)
ein *kurzer* sein kann und machst dies zur Basis
deiner zukünftigen Antizipationen und Handlun-
gen

Diskrepanz

Richte dein Verhalten nach Möglichkeit dergestalt aus, dass du dem Anspruch, den du an dich selbst stellst, gerecht wirst – ebenso dem des direkten wie allgemeinen Gegenübers.

Ein mitunter schwieriger Spagat, der nicht immer – d. h. eher selten – der Forderung nach Kompatibilität zu genügen weiß.

Ebenso kann es sich mit der

Diskrepanz

zwischen Selbstwahrnehmung bzw. eigenem Anspruch und Fremdwahrnehmung bzw. der Bewertung deiner Absichten, deines Verhaltens durch andere verhalten. Eine aus eigener Sicht wohlmeinende Intention kann z. B. vom direkten wie allgemeinen Gegenüber genau gegenteilig verstanden werden – was also bei noch so großem Bemühen deinerseits im Hinblick auf einfühlende sowie rücksichtsvolle Empathie als auch Kommunikation nicht immer ausgeschlossen werden kann.

Dass du den/die andere(n) mit deinem Anliegen erreichst, ist somit nicht immer gewährleistet.

Sollte dir dies trotz aller gutgemeinten Absichten, Bemühungen u. a. also nicht gelingen, bleibt dir immer noch – und dies ist *letztendlich entscheidend*— die beruhigende Gewissheit, dass du die zu vermittelnden Inhalte sowie deren Kommunikation *vor dir selbst zu verantworten und ggf. zu rechtfertigen in der Lage warst, bist und sein wirst.*

dreifach (un)glücklich

Du bist

unglücklich und fragst nach dem

‚*warum?*‘

Du bist

glücklich,
kennst oder erahnst zumindest das –, fragst je-
doch *nicht* nach dem

‚*warum*’

Du bist

glücklich,

weißt um – und spürst auch (obgleich nicht ur-
sächlich dafür verantwortlich) – dessen gesell-
schaftliche Attraktivität.

Es strahlt (potenziert) zurück.

———

dreifach (un)glücklich.

dreizehnmal „viel(e)"

Je älter ich werde, umso mehr stelle ich fest,
dass ich in
vielem
viel
anders bin als
viele
andere.

Dies
viel
mehr, als ich noch
viel
jünger war und – wenn ich
viel
genauer hinsehe – beunruhigt mich dies auch
viel
weniger, kann es
viel
mehr annehmen, ja begegne dem ohne
viele
Selbstzweifel, ohne
viel

zu hadern, mit
viel
Überzeugung, ja mitunter mit
viel
Spaß, Humor und
viel
Vergnügen.

Entscheidungsfindung – längere bis lange Überlegung

Bisweilen bedarf es einer

längeren bis langen Überlegung,

um eine bzw. die

(richtige) Entscheidung

zu treffen.

Die

Zeit des Nachdenkens

ist eine Phase des

Unfertigen, Unabgeschlossenen,

des

dazwischen

und kann mit

unangenehm-quälenden

Gefühlslagen besetzt sein.

Diese werden jedoch dadurch wieder

aufgehoben

bzw. sehen sich dadurch

gerechtfertigt,

dass mit dem

Ergebnis

von o. a. reifer Überlegung

– sofern *jenes* das *richtige* war/ist –

länger

(als die Zeitdauer des Nachdenkens)

bis lange

einvernehmlich zu leben

wahrscheinlich bis möglicherweise

sicher erscheint.

Ent-täuschung

Freue dich

– zumindest ab der zweiten Betrachtung

über jede

Ent-täuschung.

Sie führt dich

– bei richtiger Handhabung –

näher zu dir selbst.

erwachen

Ehemalig Finsternis des Nichts

Lebens-, Natur*erwachen*

Du – Ort meiner Sehnsucht

Wohlig warm, lichtdurchflutet

Erfüllungsflug dem Glück entgegen

Leicht, losgelöst

Ohne Haftung

freischwebend

auf farbig schillernden Flügeln –

Hoffnung geleitet

Fried-höfe

Mögen Sie Friedhöfe?

Ich schon – allein deshalb, weil sie sich in der Regel im landschaftlich reizvollen Randbereich einer Ortschaft oder Stadt befinden. Zudem liegen sie meistens auf einer Höhe und ermöglichen dadurch einen prominenten Blick auf das Umland, wodurch sich allein schon aus diesem Grund der Besuch durch eine gewisse Art von Attraktivität auszeichnet.

Sie strahlen eine Atmosphäre von Ruhe und Stille aus: ein ‚*Hof des Friedens*' und ‚der Friedlichen', ein ‚Hof' derer, die von uns gegangen sind, die nicht mehr – zumindest in diesem irdischen Leben – unter uns weilen. Ein ‚Hof', auf dem sich die befinden, die ihren (endgültigen) Frieden gefunden haben und auch uns – wenn wir genau hinsehen und -hören – diesen vermitteln wollen. Das bemerkt man schon daran, dass die Lebenden, die man dort trifft, eine ziemlich verlässliche Art der Solidarität untereinander auszeichnet, welche sich durch eine sonst eher ungewohnte Freundlichkeit und Offenheit bemerkbar macht. Man fühlt sich seinesgleichen näher, verbundener – ein unausgesprochenes, doch deutlich spürbares Bündnis der (noch) Lebenden untereinander vor dem an diesem Ort allgegenwärtigen, genau hier nicht (mehr) zu leugnenden Schicksal des 'danach', des Ungewissen – doch Unentrinnbaren – ‚irgendwann'.

Der antipodische Charakter eines Friedhofaufenthaltes – nämlich der von Leben und Tod – lässt somit den Besucher näher am eigenen als auch am Leben der anderen sein, indem er ihm genau hier seine unumgängliche irdische Begrenztheit auf plastische Art vor Augen führt und somit auch manch jemanden sich fragen lässt, wo er – so lange er noch ‚da oben' weilt – steht bzw. stehen soll und wo er gestanden haben will, wenn er einmal unwiderruflich und unumkehrbar ‚da unten' liegt. Insoweit kann sich – bei richtiger

Handhabung – daraus auch eine richtungswei-sende Konsequenz, ja ggf. Korrektur für das wei-tere irdische, nämlich das Leben ‚über der Erde‘ ableiten.

Dem selbstaufmerksamen und -reflexiven Besu-cher stellen sich an diesem Ort der Gegenüber-stellung von Leben und Tod unweigerlich Fragen nach dem Sinn seines bisherigen, jetzigen sowie zukünftigen Daseins. Deren stützende Säulen wie u. a. Gesundheit, Beruf, Familie, Partnerschaft, Erotik, Partizipation an der sowie dem Eingebun-densein in die Gemeinschaft treten genau hier deutlich vor das innere Auge und können so zum Gegenstand einer kritischen Überprüfung wer-den.

Ebenso besteht die Möglichkeit einer spontanen gefühlsmäßigen Anwandlung der – möglicher-weise vorher in dieser Ausprägung so nicht ge-kannten und erlebten – angenehmen Art, welche durch die genau an diesem besonderen Ort sich unweigerlich einstellende Antizipation des eige-nen Endes hervorgerufen wird: die nackte, nüch-terne, sonst eher triviale, da selbstverständliche Tatsache, dass man lebt, wird – ohne der interve-nierenden Notwendigkeit der theoretischen Re-flexion – eigens Gegenstand eines durchaus willkommenen Gefühls von Behagen, Freude und Lebendigkeit.

Diese Lebendigkeit in direkter, sozusagen greif-
barer Nähe zum Tod äußert sich u. a. im bereit-
willig-eifrigen und durchaus nicht nur als Aus-
nahme zu verstehenden gegenseitigen Austausch
über alles ‚menschlich allzu Menschliche' – dies
vor allem durch den bereits in die Jahre gekom-
menen weiblichen Anteil der Besucherschaft,
welche ihren bereits verstorbenen Ehemännern
hier die letzte Ehre erweisen und ihrer gedenken.
Kurzum: der Ort des Friedhofs ist auch ein be-
liebter Marktplatz für Kommunikation – ja gar
für Tratsch, Gerede und Getuschel.

Auch dient er mitunter, wie man mir erzählt hat,
als (recht erfolgreiche) Kontaktbörse zum ande-
ren Geschlecht – was die unmittelbare Nähe der
dort Agierenden zum Leben noch zu unterstrei-
chen vermag. Dies mag u. a. daran liegen, dass
sich hier auch viele Witwer und (vor allem) Wit-
wen – also Menschen, die ihre Partner an den Tod
abgeben mussten und somit allein zurückgeblie-
ben sind – zusammenfinden.

Insoweit macht genau der Aufenthalt an diesem
Ort in besonderer Intensität auf den schmerzli-
chen Verlust des (individualisierten wie verallge-
meinerten) Anderen aufmerksam, weckt die ar-
chaische Angst des Menschen vor Einsamkeit
und verlassen Sein sowie letztlich vor Endlich-
keit und Tod und damit als logische Folge die

Sehnsucht nach Dazugehören, Zweisamkeit, Geselligkeit, Lebendigkeit – Leben.

Ich mag *Fried-höfe*.

Frühlings-Elfchen

Frühling

Zartes Grün

Schmückt den Baum

Füllt lustvoll meine Seele

–

Lebenshoffnung

47

‚*Ich*‘

‚*Ich* bin da

Ich bin groß

Ich bin stark

Ich bin schön

Ich bin attraktiv

Ich bin beschäftigt

Ich bin wichtig

Ich gehöre dazu

Ich sehe und werde gesehen

Ich werde geachtet

Ich bin ein angesehenes Mitglied

Ich bin erfolgreich

Ich bin Vorbild

Ich werde bewundert

Ich werde beneidet

Ich bin begehrt

Ich bin beliebt

Ich liebe mich

Ich…'

Ich, Ich, Ich…

du, ihr, sie?!

ich erlaube mir den Luxus

- Zeit zu haben

- nachzudenken

- meinen Träumen Flügel anzulegen

- mein 'inneres Kind' zu pflegen

- im Moment anzukommen und zu verweilen

- weniger mehr sein lassen

- mal ‚nein' zu sagen

- die schönen, mich stützenden und aufbauenden
Dinge zu erkennen, zu bejahen, zu leben

- …

im Sein der Zeit

Einsam, verloren tänzelndes Blatt auf meiner
Scheibe

Beiläufig wahrgenommene
bereits ins Bunte geneigte
Färbung scheint seiner Zeit voraus

Noch muss es täuschen, doch irgendwann
–wohl nicht mehr allzu lange hin –
Abbild einer zugelassenen, ja wohlmeinend ge-
und begrüßten Wirklichkeit, Wahrheit

Gut im Jetzt

Hoffnung und Zuversicht durch Imagination des
bald –

geborgen

im Sein der Zeit.

Individualität

Willst du deine

Individualität

leben, musst du bisweilen auch das

Alleinsein

– ja mitunter die

Einsamkeit –

ertragen.

Es fordert deine

Kreativität

im Sinne von

Wagnis, Neuerung

und lässt dich

– bisweilen über beschwerliche

Umwege –

ganzheitlich

bei dir

ankommen.

jedem Morgen

Jedem Morgen folgt auch ein Abend

Du kannst vertrauen

Kommunikationsparkett – Ausstieg
(Analogie)

Es mag nicht immer einfach sein, *gut in ein Gespräch einzusteigen.*

Ebenso verhält es sich damit, sich günstig im Sinne von erfolgreich (gleich, was damit gemeint sein mag) innerhalb einer Kommunikation zu verhalten, zu präsentieren, zu verweilen.

Ein weiteres – nicht zu unterschätzendes – Geschick erfordert zudem die stets unumgängliche Notwendigkeit, ein Gespräch (für alle daran Beteiligten) *zufriedenstellend zu beenden* bzw. im obigen Sinne daraus *auszusteigen.*

Dies verhält sich analog einem *Bergsteiger*, der den Aufstieg geschafft sowie den Gipfel erreicht hat, jedoch die nicht zu unterschätzende Prozedur, *wieder heil und unbeschadet herunterzukommen*, noch vor sich – den (zu Recht) *gefürchteten Abstieg ins sichere Tal noch zu bewältigen* – hat.

Langeweile – du darfst (nicht)

Wie, du langweilst dich?

Ich erlaube, ja empfehle es dir, sofern du es nicht übertreibst und es möglicherweise gar richtig anzuwenden verstehst.

Nicht umsonst hat diesen Gemütszustand schon vor langer Zeit ein Philosoph als

‚Motor der Geschichte'

bezeichnet.

Also noch einmal: *du darfst* dich (bisweilen) *langweilen.*

Ebenso *darfst du* – sofern du es vor dir verantworten kannst und über keine Alternativen verfügst – (bisweilen) auch auf momentane Bewältigungsstrategien zurückgreifen, welche länger- bis langfristig nicht unbedingt förderlich bezüglich deiner Gesundheit sind.

Du weißt, was ich meine.

Aber eines *darfst du nicht(!)*:

aus Langeweile, innerer Leere, Einfallslosigkeit
oder anderen unlauteren Motiven

dein Gegenüber diffamieren,

ihm (möglicherweise ungerechtfertigt) Übles
nachreden, ihm seine Würde nehmen – auch
wenn dein Urteil bei genauer, objektiver Be-
trachtung eine eher bis tatsächliche negative Ge-
samtbilanz zulassen zu müssen nicht immer aus-
zuschließen wäre.

magische drei

Richte dich so ein, dass dir zu jeder Zeit und ohne Bedingung (mindestens) nachfolgende *drei Möglichkeiten* zur Verfügung stehen:

– ein *Ort*, wo du dich angekommen und geborgen fühlst

– ein *Mensch*, der dich willkommen heißt, dich anhört, deiner inneren Stimme lauscht und sie versteht – der sich Zeit nimmt, dem du wichtig bist und dich dies auch unmissverständlich spüren lässt

– ein *Tun*, das dich in gleich welcher Lebenslage auffängt und deinem Dasein dadurch Sinn, Vertrauen und Hoffnung verleiht.

,#me too'

,#me too' (,#ich auch')

lautet der ,hashtag', welcher von einer amerikanischen Filmschauspielerin als Reaktion auf die sexuelle Gewalt von Männern gegenüber Frauen ins Leben gerufen wurde und seither von (zumindest angeblich – rechnet man nämlich die später aufgesprungenen, in einem nicht eruierbaren Dunkelfeld sich bewegenden Trittbrettfahrerinnen heraus) den davon Betroffenen anhand derer angeführten Fälle der unterschiedlichsten Art weltweit geteilt wird.

Doch was ist unter ,sexueller Gewalt' gegenüber Frauen zu verstehen?

Eine breite Palette, welche von Vergewaltigung über verbale Anzüglichkeiten und - Angriffe wie Beleidigungen, Erniedrigungen und unerwünschtes Grapschen – welches Dreigespann zweifelsfrei scharf zu verurteilen, ja ggf. strafrechtlich zu verfolgen ist – bis hin zu ,anzüglichen Blicken' reicht.

Doch wann ist ein Blick ,anzüglich' zu nennen?

Ist es bereits ein etwas längerer, intensiverer Blick in die Augen der Frau oder auf bestimmte

Körpermerkmale bzw. -partien, welche schon von Natur aus sexuell besetzt sind und somit aus der Sicht des betrachtenden Mannes das Ergebnis eines angeborenen, normalen, weit in die Evolutionsgeschichte reichenden Stimulus ist?

Sicherlich gibt es einen – zumindest etwaig objektivierbaren – Unterschied zwischen gelegentlichem Hinsehen oder Betrachten und demonstrativem ‚*Glotzen*' (was je nach Situation und Intensität durchaus als unzulässige Grenzüberschreitung zu werten ist), wobei beides kontext- bzw. situationsgebunden gesehen und verstanden werden muss, d. h. auch noch andere ergänzende – o. a. vermeintliche oder faktische Absicht bestärkende –, zweifelsfreie Signale und Botschaften des männlichen Betrachters oder ‚*Glotzers*' zu berücksichtigen sind.

Neben der Tatsache, dass der weibliche Anteil der Bevölkerung in nicht wenigen Fällen seine als ‚*anzüglich*' geltenden Körpermerkmale bzw. (auf das männliche Gegenüber Wirkkraft ausübenden) Reize nicht versteckt oder gar bewusst und/oder gekonnt in Szene setzt und sich dadurch unter der Prämisse der ‚*anzüglichen männlichen Blicke*' schon per se einem gewissen Paradoxon ausgeliefert sieht, liegt die Interpretation der (männlichen) ‚Botschaft' bekanntlich immer im Auge des (weiblichen) Betrachters, kann somit unter Umständen deutlich von der Absicht des (männlichen) Senders abweichen und in der Folge bei einer möglichen Überprüfung durch Dritte zu dem Ergebnis einer verzerrten Wiedergabe von (weiblicher) ,Wirklichkeit' führen, was im konkreten Fall zum Nachteil, ja zur fälschlichen Schuldzuweisung dem männlichen Sender gegenüber führen kann.

Doch ungeachtet all der oben aufgeführten Unsicherheiten bzgl. der Situationsinterpretationen: warum soll der Mann, der lediglich seinen (nicht von ihm selbst konstruierten und installierten) natürlich geleiteten Impulsen folgt, euch nicht mehr *ansehen,* indem er sich von euch *angezogen* fühlt – ihr (mehr oder weniger) ,emanzipierten' Frauen!?

Natürlich soll dies – ihr Männer – kein Freifahrtschein für demonstratives, penetrantes – das weibliche Gegenüber auf ein Sexualobjekt reduzierendes und dadurch erniedrigendes - *Glotzen* sein: die Würde des Menschen (hier: der Frau) steht bei jedweder Art der Interaktion sowie Kommunikation obenan und bildet somit die unberührbare, unumstößliche Prämisse für alles Weitere.

Ebenso der Appell an die Gegenseite: Freut euch

doch darüber – ihr Damen –, dass ihr von einem (‚normalen') Mann *angesehen* und (im besten Fall) begehrt werdet – wäre euch das Gegenteil etwa lieber?! Wollt ihr die sexuelle Revolution und -Emanzipation wieder in Richtung Enge, Mief und Entsexualisierung falsifizieren?! ‚Solum dosis facit venenum' – ‚Allein die Dosis macht das Gift'! Es gibt ein ‚zu viel' und ein ‚zu wenig' – beides ist verwerflich, fatal und verfehlt die beabsichtigte Wirkung.

Siedelt euch in der Mitte an. Dann seid ihr, liebe Damen- und Herrenwelt, unberührt von allen möglichen Missachtungen der menschlichen Würde sowie fern aller künstlichen ideologischen Einfärbungen und Verkrampfungen gut beraten!

(Saarbrücken, Oktober 2017)

Mensch – Dosierung

Zu viel

Mensch

kann schaden –

zu wenig

auch.

Siedle dich

dazwischen

an.

mögliche sich selbsterfüllende Prophezei-ung im positiven Sinne

Wenn du älter bis alt wirst, gehen einige bis dahin als selbstverständlich gewähnte im Sinne von sicheren Pfründen verloren – andere bleiben erhalten.

Bewahre Letztere auch dahingehend, dass du sie zum Ausgangspunkt, Sprungbrett für – möglicherweise im Rahmen einer nüchternen Realitätsprüfung als illusorisch zu bewertende – Antizipationen bezüglich deiner darüber hinaus noch wichtigen Wünsche und Anliegen machst.

Dies schenkt dir – zumindest für den Moment – in deiner wunschhaften Phantasie Gefühle von Vertrauen, Zuversicht, Hoffnung, Glück, deren einstweilige Bestätigung im Rahmen einer Überprüfung der praktischen Umsetzbarkeit im Sinne einer

möglichen sich selbst erfüllenden Prophezeiung im positiven Sinne

nicht grundsätzlich auszuschließen ist, ja möglicherweise als wahrscheinlich bis sicher erwartet werden kann.

Möglichkeitsform

Unterschätze nicht die Bedeutung des

‚Irrealis‘, des Konjunktivs, der

Möglichkeitsform.

In ihr verbirgt sich die

Chance der Träume, der Illusion

und dadurch die der

Hoffnung.

‚*monde en miniature*'

Wenn du dich *vorwiegend in dir selbst* aufhälst und den ‚*richtigen' Blick* sowohl nach innen wie nach außen hast, kann schon die Aussicht auf oder der tatsächliche Ausflug in deine nähere Umgebung zu einem erfreulichen, interessanten und belebenden ‚*évènement'* werden.

Der wirklich ‚*Sehende'* braucht nicht die ‚große Bühne' – ihm genügt schon eine

‚*monde en miniature.'*

nach Weihnachten ist vor Weihnachten

Weihnachten – wie das schon klingt!

Ein Sehnsuchtsbegriff.

Allein das Wort ist Magie und lässt man es auch nur etwaig zu, erstarrt man unweigerlich, unentrinnbar in einer bis dahin kaum für möglich gehaltenen Art von gefühlsmäßig besetzter Ehrfurcht.

Gerne wird es auch als Fest der Liebe und der Familie bezeichnet – Gefühlsqualitäten wie geborgen- und behütet Sein, ein friedliches, wärmendes Zusammenkommen und miteinander Umgehen werden stärker betont als das Jahr über und sind somit charakteristische Merkmale genau dieser Zeit: man findet zusammen, nicht selten von weit her, beschenkt sich – dies alles in dem Bestreben, besonders artig, nett und liebenswürdig zu sein.

Bekanntlich ist es gegen Ende eines jeweiligen Jahres und nur noch die geringfügige Dauer einer einzigen Woche trennt es – ab Heiligabend gerechnet – von Silvester, dem endgültigen Jahresabschluss.

Weihnachten hat also neben vielen anderen durchweg bekannten Komponenten wie z. B. der religiösen auch eine zeitliche, welcher der Charakter einer (zumindest fast) Zielerreichung innewohnt und ist somit – man erlaube die profane Analogie – einem zehntausend-Meter-Läufer vergleichbar, welcher bereits in die Zielgerade seines langen (und nicht nur immer leichten) Weges eingebogen ist. Oder ist es gar mehr noch, d. h. – um o. a. Analogie wieder zu bemühen – bereits die Zielerreichung selbst, das Angekommensein nach einer langen, mitunter beschwerlichen Strecke sowie das sich dafür Belohnen, die Zelebration der- bzw. desselbigen?

Betrachtet man die dem Weihnachtsfest unmittelbar vorgelagerte Zeit, nämlich die des Advents in seiner Wortbedeutung, rekurriert diese auf den lateinischen Begriff ‚adventus' (oder im religiösen Kontext ‚adventus domini', die ‚Ankunft des Herrn'), also in der Tat den Zustand des Ankommens oder des Angekommenseins.

Neben der ‚Ankunft des Herrn' nach religiösem Verständnis ist auch der Mensch in seinem subjektiv erlebten Jahresablauf angekommen, was – zumindest rein zeitlich betrachtet – nur noch durch Silvester, den tatsächlich letzten Tag des

Jahres, komplettiert wird.

Die eine Woche, die das Weihnachtsfest vom Jahresende trennt, wird im Volksmund auch gerne als Zeit (oder Woche) ‚zwischen den Jahren' bezeichnet. Man ist also nicht wieder im normalen i.S.v. nüchternem Alltag angekommen, sondern erlaubt sich den Luxus des dazwischen Seins, welcher in diesem Fall auch als Synonym für Auszeit zu verstehen ist: das alltägliche Räderwerk läuft langsamer, behäbiger, indem viele Berufstätige sich eine Auszeit von ihrer Arbeit gönnen, seien dies abhängig Beschäftigte oder auch selbstständig Tätige (wie z. B. Arztpraxen). Man lässt es sich gut gehen, fährt mitunter in Urlaub und feiert sich dahingehend, an seinem (Jahres) Ziel angekommen zu sein.

Visuell untermauert werden diese als angenehm-willkommen erlebten Befindlichkeiten noch durch all die wärmenden, Auge und Seele erfreuenden und auch sonst wohltuenden Weihnachtsdekorationen in Gestalt von raumgreifendem Lichterzauber der unterschiedlichsten Art, welcher gleichsam Empfindungen von Wärme, Geborgenheit und Hoffnung wecken soll und dies i.d.R. auch tut. Man ist also am Ziel angekommen und lässt es ob dieser Tatsache nicht an den nötigen Zelebrationen fehlen.

In den meisten Fällen reicht die Weihnachtszeit – und damit auch alle o. a. Dispositionen und Gefühlslagen – noch in den Januar des nachfolgenden Jahres hinein, bis nach dem ‚Dreikönigstag‘ am sechsten Januar der Alltag endgültig wieder Einzug hält.

Doch welche Rolle spielt das Weihnachtsfest oder die Weihnachtszeit für die Monate, Wochen, Tage davor - welche auch für unterschiedliche Jahreszeiten, Lebenszusammenhänge, Freizeitaspirationen und -verhalten usw. stehen – oder: wann fängt Weihnachten bzw. die Weihnachtszeit an?

Nach Weihnachten ist *vor* Weihnachten bzw. *nach* der Weihnachtszeit ist *vor* der Weihnachtszeit. Eine Wendung, die zu Teilen aus anderen profanen Kontexten bekannt sein dürfte und welche in diesem Fall besagen will, dass man das Jahr über (bewusst oder – wohl in der Mehrzahl der Fälle – unbewusst) auf Weihnachten in seiner Eigenschaft als Einheit der Zielorientierung mit all den erwähnten Erscheinungsformen am Ende des Jahres ‚hinarbeitet‘. Oder anders ausgedrückt: (nur) wer sich über die Zeit davor redlich und erfolgreich (auch i.S.v. sinnstiftend) bemüht, ja verhalten hat, ‚darf‘ ein Weihnachten mit all seinen angenehm-wohltuenden Inhalten antizipieren – oder: (erst) ein *erfolgreiches Jahr* prädestiniert für ein *erfolgreiches Weihnachten* – und: wer will das nicht von sich behaupten können?!

Natürlich will diese grobe globale Sichtweise insoweit auseinandergenommen werden, dass einzelne Indikatoren bzgl. eines ,erfolgreichen Jahres' herausgebildet werden müssen, was einerseits einer kaum überschaubaren Komplexität unterliegen muss, andererseits den gemeinhin bekannten Wertestandards der handelnden Subjekte entspricht und – nicht zuletzt – die jeweils individuelle wunschhafte Ausstattung von Lebenszeit zum Gegenstand hat. So kann z. B. bezogen auf die Jahreszeiten ein bewusst gelebter Sommer mit all seinen (in diesem Fall auch normativ) gelebten Vorteilen und Annehmlichkeiten dem ,erfolgreich' handelnden Subjekt zeitnah und unbewusst die Antizipation auf ein ,verdientes' Weihnachten eröffnen, ja möglicherweise garantieren.

Insoweit noch einmal zusammenfassend unter qualitativen (d. h. der subjektiv erlebten Wertigkeit entsprechenden) Gesichtspunkten:

Nach Weihnachten ist *vor* Weihnachten.

Doch ab wann wird aus dem bisher geschilderten

eher unbewussten und diffusen Einflussfaktor ‚Weihnachten' ein konkreterer, nach und nach greifbarerer und dadurch auch dem handelnden Subjekt mehr und mehr bewusster? Natürlich spätestens ab dem ersten Adventssonntag, welcher das vorweihnachtliche Geschehen (und Fühlen) endgültig einleitet, es offiziell macht und (falls nötig) auch legitimiert.

Aber beginnt es (zumindest inoffiziell) nicht schon früher, wenn der Sommer – fast vorbei – sich in seine Endphase, nämlich den Spätsommer verabschiedet, die Tage langsam kürzer und die Abende/ Nächte länger werden? Oder spätestens ab dem letzten Quartal des Jahres (Oktober), wenn sich die Bäume verfärben, es früher dunkel und auch kühler wird und sich bereits eine leise Ahnung des nicht mehr allzu fernen Winters herausbildet?

Auf ökonomisch-kommerzieller Ebene macht sich diese Gesetzlichkeit schon seit Jahren die Lebensmittelindustrie erfolgreich zunutze, was unabhängige Untersuchungen auch bestätigen – wobei typisch (vor)weihnachtliche Naschereien unter nüchternen Schicklichkeitsgesichtspunkten z. T. bereits zu(!) früh, d. h. zu noch unpassender(!) Zeit dem Verbraucher (welcher daran aber fleißig zu partizipieren scheint) dargeboten wird. Neben der hedonistischen Dimension (schmeckt und tut gut) scheint sich hier darüber hinaus die Sehnsucht nach (vor)weihnachtlichen Gefühls- qualitäten Ausdruck zu verschaffen.

Weihnachten im weiteren, d. h. subjektiv erlebten und gefühlten Sinn beginnt also nicht erst mit dem ersten Adventssonntag und endet auch nicht mit der Entsorgung des letzten Tannenbaumes, sondern begleitet uns unbewusst und ab einem bestimmten Zeitpunkt bewusst das Jahr hindurch.

Es scheint nach alledem der Eindruck unaus- weichlich, als handele es sich bei Weihnachten um das (bei aller sonstigen Zurückhaltung bzgl. Superlativen)

‚Fest der Feste'

– welch exklusives Etikett nach Ansicht des Au- tors aufgrund all der bis dahin erwähnten Sach- verhalte auch verdient und angemessen erscheint.

Nach Weihnachten ist *vor* Weihnachten.

Nahsicht – Fernsicht

Damit die – bisweilen unfreiwillige – Partizipation an der *Nahsicht* sowie das sich daraus ableitende nicht immer erfreuliche Gesamtergebnis als noch hinnehmbar, ja erträglich oder gar mehr erscheint, bedarf es der jeweilig notwendigen Fähigkeit sowie Bereitschaft zur Distanz schaffenden *Fernsicht*.

Dies sowohl im *geographischen* als auch *übertragenen* Sinn.

Nebel im Hirn

Kennen Sie die, welche bei vergleichsweise normaler Sicht in der Dunkelheit mit *eingeschalteten Nebelscheinwerfern* unterwegs sind?

Was liegt diesem nur schwer nachvollziehbaren, doch – für den unfreiwillig davon Betroffenen – quälenden Verhalten zugrunde?

Ist es etwa ein *übertriebenes Schutz- und Kontrollbedürfnis* oder ein ebensolches nach *Selbstdarstellung*?

Fragen über Fragen, welche im Hinblick auf die *Absurdität eines solchen Verhaltens* kaum des Versuchs einer Antwort Wert zu sein scheint.

Festzuhalten ist jedenfalls, dass es sich hier offensichtlich um eine Form *psychischer Auffälligkeit* handelt, welche sich in die manchmal schier unendlich scheinende Sequenz nur wenig bis gar nicht erfreulicher Alltagsbegebenheiten einreiht – dies allein schon dadurch, dass es ein weiterer Beitrag zur sog. *Lichtverschmutzung* liefert, was dem oben genannten *Tor,* welcher sich durch

Nebel im Hirn

auszuzeichnen scheint, nicht bewusst ist und –
wenn wider Erwarten doch – wohl schlichtweg
egal wäre.

Weniger ist mehr und – in diesem Fall (auch ein
Plädoyer für) ein „mehr" an Dunkelheit, Finster-
nis und damit auch

Natürlichkeit.

Oasen der Nostalgie

Ich mag *Kramläden.*

Sie strahlen eine Art von Gemütlichkeit und
Menschlichkeit aus, welche man sonst nur noch
in

– leider kaum noch anzutreffenden –

„*Tante Emma Läden*"

findet oder besser: fand.

Es gibt dort alles und nichts.

Entgegen der neuzeitlichen Erscheinungen von
Spezialisierung, Reizüberflutung durch eine
kaum noch überschaubare Warenvielfalt, welche
in Form einer kalt-anonymen Verkaufsprofessio-
nalität dargeboten wird, trifft man hier noch eher
Gegenteiliges: einen (im wahrsten Sinne des
Wortes) einladenden Binnenraum, welcher
Schutz und Wärme gewährt, ankommen ermög-
licht und dadurch der Lust und Bereitschaft zum
Kramen freien Lauf lässt.

In ihrer wohltuend-bescheidenen Art sind sie

Oasen der Nostalgie,

welche – die jeweils mögliche Fähigkeit und Be-
reitschaft, diese zu erspüren, vorausgesetzt – Ge-
fühlsqualitäten freisetzen, die weit über die an-
sonsten eher durch Nüchternheit gekennzeich-
nete Kauf- bzw. Verkaufssituation hinausgehen.

Ich hoffe, sie bleiben uns noch lange erhalten.

Ich mag

Kramläden.

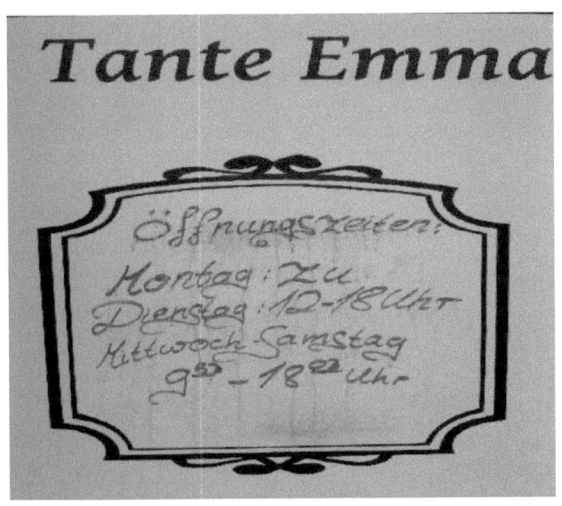

Oh Schmerz, verschwinde!

Oh Schmerz, verschwinde!

Ich mag dich nicht.

Ich weiß, auch diesmal wird es vorübergehen.

Doch wann?

Und wie ertrag' ich dich bis dahin?

Erinnerung an früher, als ich dich jeweils be-
siegte, schafft Hoffnung auf, ja Glaube an –
noch zart-bescheiden-zerbrechliches, doch mehr
und mehr zum unumstößlich-sicher reifenden
Wissen um –

Besserung, Erlösung.

Alles wird (wieder) gut!

Privileg

Es ist wohl als großes

Privileg

in unserer hektischen, betriebsamen, lauten, ego-
manischen, zu großen Teilen gefühlskalten und
z. T. zu dicht bevölkerten (Um)Welt anzusehen,

gut mit sich allein sein zu können.

Es erspart manche Enttäuschung sowie manchen
Ärger und Verdruss, wie z. B. den, einen Teil
seiner wertvollen Lebenszeit *in dem quälenden
Stau einer Blechlawine* mit all dessen Begleiter-
scheinungen wie (für den Moment oder län-
ger/lange andauernden) Gefühlen von

Hilfs-, Hoffnungs- und Aussichtslosigkeit

zubringen und damit *vergeuden* zu müssen.

Problem – Lösung

Sehe es bereits als großen Fortschritt an, ein *Problem erkannt* zu haben.

Die *Lösung* wird dich irgendwann

– ggf. unerwartet –

ereilen.

Möglicherweise ist in dem Problem dessen Aufhebung bereits enthalten, ja Erstgenanntes mit Zweitgenanntem gleichzusetzen, identisch.

Schau hin, du wirst es erkennen – und (das Problem) *lösen.*

sechzig

‚*sechzig*' ist schon ein halber Freifahrtschein ins
Grab – oder gar mehr noch als ein halber?

Nach Martin Heideggers Philosophie des ‚Sein
zum Ende' lebt der Mensch Zeit seiner Geburt auf
sein *Ende* hin – und mit *sechzig* ist man diesem
Ende bereits (mitunter nicht nur) statistisch gese-
hen recht nahegekommen. Man blickt auf deut-
lich mehr Lebenszeit zurück, als man – auch bei
Zugrundelegung einer noch so optimistischen
Sichtweise – noch vor sich wähnen kann. Dies
mag makaber klingen und Ängste wecken, ent-
spricht aber letztlich dem zwar bestürzenden,
doch realistischen Ergebnis einer nüchternen Be-
trachtung der durchschnittlichen Verweildauer ei-
nes Menschen auf diesem Erdenrund.

Als es im Vorfeld des *Sechzigsten* (ja schon Jahre
davor) näher und näher auf dieses eher unschmei-
chelhafte Datum zuging, sagte ich mir immer
wieder heimlich als auch offen, mir dies nicht
vorstellen zu können – dass *sechzig* und ich ein
Antagonismus sei, dies auf keinen Fall sein dürfe
und wir beide nicht zusammenpassen würden.
Und doch ist es so weit gekommen, auf einmal
war er da: der Tag, an dem ich *sechzig* wurde.
Ich erinnere mich noch an ihn: ein Freitag Ende

August. Ich musste früh aufstehen und es regnete. Es kamen im Laufe des Tages einige Glückwünsche von Freunden an, sonst ein Routinetag ohne Geburtstagszelebrationen. Abends zeigte sich wieder der Hochsommer in Form von Wärme und Licht, anschließend eine laue Nacht – und schon war er Vergangenheit, der Tag, an dem ich *sechzig* wurde und es nun auch war. Er war von außengeleiteter Alltagsbetriebsamkeit gekennzeichnet, so dass die (schon im Vorfeld antizipierte) Gewichtigkeit dieses Datums gefühls- und bewusstseinsmäßig eine eher untergeordnete und somit nur periphere Rolle einnehmen konnte. Doch wie bei so vielen markanten Sachverhalten und Ereignissen bildete es sich auch hier erst im Zuge des ‚après', des ‚danach' deutlicher heraus: dies in mal stärkerer, mal schwächerer Form mit all den sich daraus ableitenden Gefühlsschwankungen des ‚unten'- und ‚oben'- Seins.

So bestätigt sich die Annahme des ‚après' auch dahingehend, dass ich dies erst einige Zeit nach meinem *Sechzigsten* schreibe – schon lange trage ich mich mit der Absicht und ebenso oft habe ich daran gedacht, endlich mal damit zu beginnen, schob es immer wieder auf, offensichtlich bereits im Vorfeld ahnend, wie komplex einerseits und wie aversiv besetzt andererseits diese Thematik ist. Darüber hinaus war ich zu sehr mit dem Ankommen in den *Sechzigern* sowie dessen tagtäglichem ‚Management' beschäftigt, um auch noch darüber mit all der Muße und Konzentration, welches dies erfordert, in ernsthafter und zuverlässiger Manier schreiben zu können – dies alles, obwohl mir die Reflexion in Form des Schreibens durchaus wichtig, ja teils unvermeidlich erscheint. Zudem deutet sich hier bereits ein Konflikt an, welcher eine der Basisfragen des Lebens überhaupt und des älter bis alt Werdens im Besonderen berührt: ‚was ist mir (noch) wichtig, womit soll/will (v. v.) ich meine mir noch verbleibende – vergleichsweise wenige – Zeit verbringen?'

Es stellt sich also für den *sechzig* Jahre alt gewordenen Zeitgenossen – wie überhaupt unabhängig vom jeweiligen Lebensalter, doch in diesem Lebensabschnitt möglicherweise verstärkt – die Frage nach der sinnvollen, zufriedenstellenden Ausgestaltung der weiteren (restlichen) Lebensentwürfe.

Nach der neueren demographischen Entwicklung (durchschnittlich erreichtes Lebensalter) ist man mit *sechzig* zwar nicht mehr jung zu nennen, aber in vielen Fällen auch noch nicht alt hinsichtlich möglicher Indikatoren wie stark eingeschränkte Gesundheit, Unselbstständigkeit, Pflegebedürftigkeit u. a.

Die ‚Sixties', ‚best agers' oder ‚silver generation'
– wie sie (wohl aus einer Verlegenheit über einen
an sich unerwünscht-peinlichen, doch unver-
meidbaren Sachverhalt) mit einem aus dem An-
gelsächsischen entlehnten Vokabular benannt
werden – erfreuen sich nach neueren Erkenntnis-
sen (nicht alle, doch im Sinne einer statistischen
Signifikanz) guter Gesundheit und strotzen gera-
dezu vor Tatendrang.

Und doch ist man nicht mehr dreißig, vierzig oder
auch noch fünfzig – die Möglichkeiten eines psy-
chosozialen Moratoriums werden durch die im-
mer knapper werdende Rest-Lebenszeit begrenz-
ter und können in Folge hiervon den in die *Sech-
ziger* (und darüber hinaus) Gekommenen sich
verstärkt die Frage stellen lassen, wo er denn
noch hin will, kann (v. v.) und – im Sinne der ge-
sellschaftlich vordefinierten Schicklichkeit und
Erlaubtheit – auch darf, was zu einer geradezu
schmerzlichen Diskrepanz zwischen ‚gefühltem'
(samt der damit einhergehenden Aspirationen)
und tatsächlichem Alter führen kann. So muss
sich z. B. ein Sechzigjähriger, der einer Zwanzig-
oder Dreißigjährigen hinterher pfeift, durchaus
den Vorwurf des ‚Komischen' oder ‚nicht Ange-
brachten' gefallen lassen – ganz zu schweigen
von der geringfügigen Wahrscheinlichkeit, dass
sich sein Ansinnen auch verifizieren ließe, so sehr

er sich dies auch wünschen möge.

Das oben genannte Beispiel beschreibt also einen Fall von deutlicher Diskrepanz zwischen Wunsch und Wirklichkeit, wozu sich noch unzählige weitere Beispiele anfügen ließen. Neben dem anderen Ende der Verhaltensscala, dass *Sechzig* und darüber hinaus alleinig gleichbedeutend mit (nur noch) Konsolidierung, ja im Extremfall Stillstand ist, bietet dieses Alter aber auch noch Möglichkeiten der Innovation (bei ebenso gleichzeitiger Konsolidierung), welche durchaus mit dem gesellschaftlichen Konsens kompatibel sind und für die Lebensphase davor wie danach nicht unbedingt gleichermaßen gelten müssen – wozu als Beispiel das Reisen genannt sei.

So bleibt für die Lebensphase vor dem *Sechzigsten* bzgl. solcher Aktivitäten oftmals berufsbedingt nicht genügend Zeit, die über *Sechzigjährigen* (sofern sie sich schon im Ruhestand befinden) muss dies jedoch nicht mehr interessieren – wobei mit zunehmendem Alter jedoch mehr und mehr der gesundheitliche Aspekt in den Fokus rückt und alles Weitere allein oder zumindest zu großen Teilen davon abhängig gemacht wird bzw. gemacht werden muss. Neben dem Tatbestand, dass man es mit *sechzig* (zumindest die Mehrzahl) finanziell ‚geschafft' oder ausgesorgt hat sowie ab der baldigen oder auch schon faktischen Verrentung genügend Zeit zur Verfügung steht, eröffnen sich in dieser Lebensphase neben den o. a. Möglichkeiten des Reisens noch viele weitere Optionen wie Bildung ('lebenslanges Lernen') Kultur, Kunst, Hobbys – welche nach neueren Erkenntnissen auch bereitwillig und breitgefächert wahrgenommen werden.

Wie eingangs erwähnt, blickt man mit *sechzig* auf mehr Lebenszeit zurück als man noch vor sich wähnt bzw. hat, was neben den bereits erwähnten eher kritischen Aspekten (begrenzte Möglichkeiten des psychosozialen Moratoriums, gefühltes vs. tatsächliches Alter mit den sich daraus ableitenden Diskrepanzen) durchaus auch zu einer Steigerung der Lebenszufriedenheit und damit -qualität führen kann. So ist es möglich – sofern man auf ein 'volles und erfülltes Leben' zurückblicken kann –, dass sich mit zunehmendem Alter eine Art von Milde und Pragmatismus herausbildet, welche eine moderatere Sichtweise sowie eine Haltung i.S.v. 'sich nicht mehr alles beweisen müssen' zur Folge haben kann.

Ebenso ist nicht auszuschließen, ja wahrscheinlich, dass sich gleichzeitig die Sensibilität (Dünnhäutigkeit) gegenüber bestimmten Alltagsbegebenheiten erhöht, was neben der Möglichkeit einner eher negativ besetzten Art der Empfindlichkeit auch zweifelsfrei Chancen im Sinne von Steigerung des Lebensgenusses zu implizieren vermag. Man kommt eher im Moment an und würdigt/genießt diesen, bei gleichzeitig verstehender, globalerer – und dadurch möglicherweise milderer – Sichtweise auf die Dinge um einen herum.

,Sechzig Jahre und kein bisschen weise…Sechzig Jahre auf dem Weg zum Greise und doch sechzig Jahr' davon entfernt' lauten Zeilen eines gleichnamigen Musiktitels, welche das Gefälle zwischen Wunsch und Wirklichkeit sowie tatsächlichem und gefühltem bzw. gewünschtem Alter auf eher humorige, doch auch nachdenklich stimmende Art anzudeuten scheinen. Sollte das *,kein bisschen weise'* so zu verstehen sein, dass sich darin eine gehörige Portion von Lebendigkeit, Individualität, Nonkonformismus, Bereitschaft zu Innovation u. a. manifestiert, so ist dies durchaus für die Lebensphase von *sechzig* und darüber hinaus zu befürworten. Angereichert sein sollte diese Mischung mit einer – auch für alle vorgelagerten Lebensphasen geltenden – gewichtigen Portion an *Neugierde* und (unvermeidlich!) *Humor* sowie der *Fähigkeit und Bereitschaft zur Relativierung der eigenen Person und Situation (über sich selbst und auch andere lachen können)* mit all den sich daraus ableitenden Aspirationen und Aktivitäten.

Sinn durch (vermeintlich) Sinnloses

Sinn

kann sich auch durch das Begehen von

(vermeintlich)

Sinnlosem,

Strukturlosem

ergeben.

Neben dem

Sinn,

dass dieser per se schon

Sinn

macht, können sich aus jenem *(vermeintlich)*

Sinnlosen

(möglicherweise über Umwege)

wieder

neue Sinnstrukturen, Relationen

herausbilden, welche

wegweisend

für neue Sinnzusammenhänge

oder

den *Sinnzusammenhang*

sein können.

Sterne

Sterne, unzählige am Himmelszelt

Heimat und Ferne, Verharren und Aufbruch
Mitgaranten für ein Einigsein mit dieser Welt
Buchstaben, füllend mit erfreulichem Licht das
Himmelsbuch

Begleitet mich auf meinen bescheidenen
hiesigen Pfaden
Mich beschützend aus der Erhabenheit eurer
Ferne
Gegenstand großer Gefühle, die sich mir
entladen

Zeigt euch!

Hab' euch - Sterne - als nächtlicher Gast so
gerne.

Toleranz – Akrostichon

T ausche dich mit ihm aus

O rdne deine Gedanken und Einstellungen

L iebe deinen Nächsten

E rgründe die Motive deines sowie seines Han-
delns

R eiche ihm deine Hand

A ntworte ihm, wie du dir selbst antworten wür-
dest

N eige dich ihm zu

Z eige ihm dein Interesse

Traum des Sisyphus

Globale, frei schwebende – auf Distanz ge-
trimmte Visionen, Träume scheuen detailge-
neigte, nüchterne, ritualisierte Niederungen des
Realen

Diffuse Hoffnung ist ambivalent besetzt

Erfüllung fordernde Gedanken- und Gefühls-
fragmente können zu Annäherung, Nähe nötigen

Was dann?

Faszination und Ernüchterung – Magie des
Traums, der Illusion säkularisiert

Sonst: Hunger bleibt – doch Sehnsucht nährt die
Hoffnung, den Glauben

Endlosschleife –

Traum des Sisyphus.

tun – nicht tun

Wenn du es *nicht tust*, bleibt dir dein Traum,
deine Illusion.

Tust du es, bist du danach klüger –

auch wenn das Ergebnis ein fatales sein sollte.

–

Du hast es versucht, du hast es getan

(auch) gut so.

tun – nicht tun

Unmenschen

Mit Gefühlen wie Bedauern, Ärger und großer Betroffenheit vernehme ich immer wieder Meldungen im Rundfunk, Fernsehen sowie anderen Medien, wie die Rettung von im Straßenverkehr in Not geratene Menschen durch egoistisches, rücksichtsloses Verhalten anderer Autofahrer entweder be- oder verhindert und – schlimmer noch – sich daran im Rahmen der eigenen Sensations- und Profilierungssucht delektiert wird, indem man das fremde Elend und die Not systematisch und schamlos begafft und darüber hinaus mit dem (auch hier) immer *griff- und einsatzbereiten Smartphone* fotografiert – so als ob es sich um einen Spaßfaktor der besonderen Art handeln würde –, um danach noch über die sozialen Netzwerke einer breiten Öffentlichkeit zugänglich gemacht zu werden. Eine neue, bei klarem Verstand und moralischer Integrität kaum noch nachvollziehbare Steigerung von *Unmenschlichkeit* dokumentieren Meldungen in den Medien, wonach Rettungskräfte bei ihrer Arbeit nicht nur behindert, sondern sogar beleidigt bis tätlich angegriffen werden. Was sind das für *Unmenschen* und welch grenzenlose Rohheit, fehlende Empathie und Brutalität leitet sie?!

Du kennst sie nicht – oder doch?!

Es kann der ,nette Typ von nebenan' sein, der Herr mit dem freundlichen Lächeln und dem gönnerhaften Blick vom Amt, die schon in die Jahre gekommene oder auch noch jüngere Dame, welche dir bei artiger Konversation regelmäßig die Haare richtet, das junge Pärchen, das du ob seines modernen und offenen Lebensstils beneidest und bewunderst…

Ja, du hast es erkannt: es könnte (fast) jeder oder jede sein – Menschen, bei denen du es nicht vermutet hättest. Analog der Geschichte ,Dr. Jakyll und Mister Hyde' von Robert Louis Stevenson zeigen sich auch hier beide Antipoden des Menschen: das Gute und das Böse, das Angenehme und das Widerliche, der Kulturmensch und der Barbar – wobei neben vielen anderen Fragen auch die zu stellen wäre, ob die ,gute Seite' nur der Funktion der Tarnung der ,bösen Seite' dient oder ob die ,böse Seite' sich nur situationsbezogen aktiviert und in Kombination mit noch weiteren ,mildernden Umständen' der unterschiedlichsten Art zu erklären und damit (zumindest partiell) zu entschuldigen wäre?

Losgelöst von allen möglichen zirkelhaften theoretischen Überlegungen darf es hier nur ein klares ,**Nein**' als Antwort geben: die Rettung anderer in Not geratene Menschen zu behindern, sie aus niedrig zu nennenden Beweggründen zu fotografieren (und die Fotos ggf. noch an Dritte weiterzuleiten), die Rettungskräfte zu beleidigen und sogar körperlich zu attackieren, kann nur als ein Akt des *Unmenschen* zu werten sein, ist insoweit in jedweder Form zu verurteilen und darüber hinaus negativ zu sanktionieren, d. h. *aufs Strengste zu bestrafen.*

PS laut eines Gesetzentwurfs des Bundestages im November 2019 sollen o. a. Sachverhalte einstweilen als Straftatbestand behandelt und entsprechend verfolgt und sanktioniert werden.

unscheinbar

Es sind nicht selten die auf den ersten Blick
(wohl nur vermeintlich)

unscheinbaren

Wege,

hinter denen sich

deine Wahrheit, dein Glück

verbirgt.

Gehe sie und du wirst sehen.

'Urvertrauen' – *anders herum*

Auch eine regelmäßige, verlässliche Art von Unglück, Fehlschlägen, Enttäuschungen kann Struktur, Verhaltenssicherheit, Identität schaffen und – dadurch, dass du es erkennst, akzeptierst (indem du es mitunter auch akzeptieren musst) – dich auf eine andere Ebene der Sicht- und Betrachtungsweise und dadurch auch der jeweiligen Bewertung heben, was dir in der Folge eine neue, jedoch nicht minder wirksame Art von

'Urvertrauen'

zu ermöglichen in der Lage sein kann.

Veränderung – das Wesentliche

Es kommt der Moment und du glaubst, etwas
tun zu müssen.

Du drehst z. B. den Knopf deines Radios auf
‚leise'.

Du hast etwas getan, etwas

verändert.

Es ist der Beginn für Weiteres.

Irgendwann – vielleicht schon bald – tust du ei-
nes der wesentlichen Dinge und (sofern vorhan-
den)

das

(für den Moment und möglicher- bis wahr-
scheinlicherweise darüber hinaus)

Wesentliche.

viel – wenig – nichts

viel

mag gut sein

wenig bis *nichts*

mitunter auch –

es fordert

deine

Kreativität

vorübergehend – und darüber hinaus

Sollte es mal personenbezogen wie auch sonst
nicht so laufen, wie du es gerne hättest, halte
dich an das

Allgemeine, Verlässliche wie

z. B. Natur, Kunst, Kultur.

Rekurriere auf dich und deine ureigenen Fähig-
keiten.

Bewahre deine Träume

und schöpfe aus alledem

neues Vertrauen, Zuversicht, Hoffnung.

Dies

vorübergehend – und darüber hinaus.

Warte noch!

Warum näherst du dich an diesem wunderschö-
nen lauen Frühlings-, ja schon gefühlten Som-
merabend dem *Tannenbaum*, brichst einen
Zweig ab, entfernst eine Nadel, zerreibst sie
zwischen deinen Nägeln und führst dir den
dadurch freigewordenen Duft sehnsuchtsvoll in
die Nase?

Warum machst du das?

Warte noch!

Auch dieses Mal wirst du die Zeit des Auf-
bruchs, des Beginns mit der darauffolgenden
Fülle des Sommers überstehen, bevor die Domi-
nanz an Dunkelheit und Finsternis wieder das
nicht mehr ferne Ende ankündigt und dir somit
die Verlagerung der Verantwortung von dem
Moment auf bilanzierte Vergangenheit mit der
Option auf neue geträumte wie gehoffte Zu-
kunftsentwürfe erlaubt, ermöglicht.

Warte noch!

weitergehen – verweilen (Chance)

Es mag gut und mitunter notwendig bis unumgänglich sein,

weiterzugehen,

zu wechseln, sich zu verändern – aber auch (zumindest vorübergehend)

zu *verweilen,*

zu verharren und dadurch Wege zu

anderen, neuen Möglichkeiten

sowohl

des *Verweilens, Verharrens*

als auch

der *Veränderung,* des *Wechsels*

zu erkennen, zu entwerfen – zu gehen.

woanders

Angekommen im

woanders

Faszination Fremde, Öffnung für Neues, Unbe-
kanntes

Neugierde, Lebendigkeit, Abenteuer

Ich weiß, auch in eurem *hier* ist es gut und ich
komme auch einst wieder, doch nun bin ich

in einem *anderen hier*

im *anderswo,*

im *woanders*

über den Autor

Heinz-Josef ‚Jozsy' Scherer

Dipl. Soziologe / Systemischer Therapeut
und Berater / Autor

Mehrere Veröffentlichungen in Anthologien

Mail: Jozsy@web.de

116

vom nämlichen Autor bereits

erschienen

Heinz-Josef Scherer

Sehnsucht nach dem Inner'n Land

Kurzgeschichten/Erzählungen/Stories/
Gedichte/Aphorismen/Beobachtungen/
Ansichten/Seelentupfer/Autobiografisches/
Fotografien

ISBN 13: 9781978131002   ISBN 10: 1978131003
ceatespace 2013

Sehnsucht nach dem Inner'n Land'
ist eine Sammlung von Kurzgeschichten, Erzählun-
gen, Stories, Gedichten, Aphorismen, Beobachtun-
gen, Ansichten – von momenthaft empfundenen

‚Seelentupfern' und autobiographischen Texten.
Der Autor sieht mit einem durchaus kritischen wie
auch liebend-warmen Auge auf das Leben, wie es
sich ihm darbietet. Er positioniert sich auf der Distanz
schaffenden Meta-Ebene ebenso wie als direkt am
Geschehen Beteiligter.

Gegenstand sind universale, gemeinhin gültige
Menschheitsthemen wie Heimat(suche), Alter(n),
Vergänglichkeit, Einsamkeit, Sehnsucht, Hoffnung,
Sinnsuche und -findung, Identität, Liebe, Sexualität,
Natur und viele andere, welche in unverwechselbar
individualisierter Form auf den Punkt gebracht wer-
den.

Ein Teil der Texte und Gedichte ist mit aussagekräfti-
gen wie stimmungsvollen Fotografien unterlegt.

Das vorliegende Werk versteht sich – und dies vor al-
lem – als berührend-authentische Liebeserklärung an
das Leben in Lyrik und Prosa.

Auch als **E-Book** erhältlich

Heinz-Josef Scherer

Deine Ewigkeit –Imperativ des Lebens
Beobachtungen Ansichten Reflexionen Gedichte
Aphorismen Photographien

ISBN 13: 978-1511628310

ISBN 10: 1511628316 createspace 2015

Deine Ewigkeit –Imperativ des Lebens

ist eine Sammlung kurzer, prägnanter Texte von A wie ‚Ankommen' bis Z wie ‚Zeit des Abschieds', die in unterschiedlicher Form an die Leserin/den Leser herangetragen werden. Themen sind Daseinsbereiche verschiedener Art, welche einen repräsentativen Querschnitt der Lebenswelten eines jeden abbilden.

Es finden sich *Beobachtungen, Ansichten, Reflexionen, Gedichte, Aphorismen* — entstanden aus Eingebungen und Einsichten innerhalb des Alltagshandelns, diese jedoch zwangsläufig überdauernd, allein aufgrund ihrer Tiefe an Bedeutung sowie ihrer Verallgemeinerbarkeit.

Ein Teil der Texte ließe sich dem Oberbegriff der ‚Ratgeber- und Lebenshilfeliteratur' zuordnen, was jedoch der Leserin/dem Leser überlassen bleiben soll.

Ergänzend, untermalend bedarf es der Erwähnung der Wirkkraft einzeln beigefügter *Bilder/Photographien*, welche der Autor bei seinem Unterwegssein festhielt und als Quellen der Inspiration dienten.

Auch als **E-Book** erhältlich

Heinz-Josef „Jozsy' Scherer

FÉLELEM

Zwei Erzählungen aus dem Leben des Franz K.

Angst Liebe Reifung

ISBN 9783769349726

Book on Demand 2025

Franz K. wird in unterschiedlichen Lebenslagen Opfer massiver Angst- und Panikattacken.

In seiner bisherigen Biographie davon unberührt sieht er sich jenen hilflos ausgeliefert.

Es ist, als würde ihm der Boden unter den Füßen entzogen.

Die fürsorgliche, verständnis- und liebevolle, aber auch leidenschaftlich-herausfordernde Zuwendung durch das andere Geschlecht gewähren ihm wieder ein — zumindest partielles — Gefühl von Vertrauen und Sicherheit.

Doch trotz aller hoffnungsvollen Anfänge unterliegen die Beziehungen letztlich dem Schicksal des Scheiterns.

Was sind die jeweiligen Gründe, welchen Beitrag leistet Franz K. etwa selbst und wie geht er damit um?

Die vorliegenden **zwei Erzählungen** illustrieren die Tragik einer unvorbereitet eintretenden Angst- und Panikstörung, deren — in diesem Fall — individuelle Bewältigung sowie das Glück, die Herausforderrungen als auch Chancen sowie die Gefahr der Brüchigkeit zwischengeschlechtlicher Beziehungen.

Mit einem Nachwort des Verfassers

Auch als **E-Book** erhältlich